Wahlordnung

zum

Hamburgischen Personalvertretungsgesetz

vom 27. Februar 1973

zusammengestellt von

Silvia Nitsche-Martens

Bibliografische Information der Deutschen Nationalbibliothek: Die Deutsche Nationalbibliothek verzeichnet diese Publikation in der Deutschen Nationalbibliografie; detaillierte bibliografische Daten sind im Internet über dnb.dnb.de abrufbar.

Verlag: BoD · Books on Demand GmbH, Überseering 33, 22297 Hamburg, bod@bod.de

Druck: Libri Plureos GmbH, Friedensallee 273, 22763 Hamburg

ISBN: 978-3-7460-4467-5

Inhaltsübersicht §

Abschnitt I

Wahl des Personalrats **1–29**

1. Allgemeine Vorschriften 1–23

   Wahlvorstand, Wahlhelferinnen und Wahlhelfer 1

   Wählerverzeichnis 2

   Einsprüche gegen das Wählerverzeichnis 3

   Beschlüsse über abweichende Sitzverteilung und gemeinsame Wahl   4

   Ermittlung der Mitgliederzahl und der Sitzverteilung 5

   Wahlausschreiben 6

   Frist für die Einreichung der Wahlvorschläge 7

   Inhalt der Wahlvorschläge 8

   Sonstige Erfordernisse 9

   Behandlung der Wahlvorschläge durch den Wahlvorstand,
   ungültige Wahlvorschläge 10

   Nachfrist für die Einreichung von Wahlvorschlägen 11

   Bezeichnung der Wahlvorschläge 12

   Bekanntgabe der Wahlvorschläge 13

   Ausübung des aktiven Wahlrechts, Stimmzettel, ungültige
   Stimmabgabe 14

   Wahlhandlung 15

   Stimmabgabe durch Briefwahl 16

   Behandlung der durch Briefwahl abgegebenen Stimmen 17

   Feststellung des Wahlergebnisses 18

   Wahlniederschrift 19

   Benachrichtigung der gewählten Bewerberinnen oder Bewerber 20

   Bekanntgabe des Wahlergebnisses 21

   Berichtigung des Wahlergebnisses 22

   Aufbewahrung der Wahlunterlagen 23

2. Besondere Vorschriften für die Wahl mehrerer Mitglieder des
   Personalrats oder Vertreterinnen oder Vertreter der Gruppen .. 24-28

   a) Wahlverfahren bei mehreren Wahlvorschlägen (Verhältniswahl)

   Voraussetzungen, Stimmzettel, Stimmabgabe 24

   Ermittlung der gewählten Vertreterinnen oder Vertreter der
   Gruppen bei Gruppenwahl 25

   Ermittlung der ge393wählten Vertreterinnen oder Vertreter der
   Gruppen bei gemeinsamer Wahl 26

   b) Wahlverfahren bei einem Wahlvorschlag (Mehrheitswahl)

   Voraussetzungen, Stimmzettel, Stimmabgabe 27

   Ermittlung der gewählten Bewerberinnen und Bewerber 28

3. Besondere Vorschriften für die Wahl eines Mitglieds des
   Personalrats oder einer Vertreterin oder eines Vertreters einer
   Gruppe (Mehrheitswahl) 29

   Voraussetzungen, Stimmzettel, Stimmabgabe, Wahlergebnis 29

Abschnitt II

Wahl des Gesamtpersonalrats **30-37**

   Entsprechende Anwendung der Vorschriften über die Wahl
   des Personalrats 30

   Wahlvorstand, örtliche Wahlvorstände 31

   Wählerverzeichnis 32

   Wahlausschreiben 33

   Erklärungen und Entscheidungen des Wahlvorstands 34

   Stimmzettel 35

   Feststellung des Wahlergebnisses 36

   (gestrichen) 37

Abschnitt III

Wahl der Jugend- und Auszubildendenvertretung **38**

    Entsprechende Anwendung der Vorschriften über die Wahl des
    Personalrats 38

Abschnitt IV

Schlussvorschriften **39-40**

    Vorschriften für den Verfassungsschutz 39
    Berechnung der Fristen 40

Wahlordnung

zum

Hamburgischen Personalvertretungsgesetz[1]

vom 27. Februar 1973

Abschnitt I

Wahl des Personalrats

1. Allgemeine Vorschriften

§ 1
Wahlvorstand, Wahlhelferinnen und Wahlhelfer

(1) [1] Die oder der Vorsitzende des Wahlvorstands lädt die übrigen Mitglieder rechtzeitig unter Mitteilung der Tagesordnung zu den Sitzungen des Wahlvorstands ein. [2] Eine Verhinderung soll unverzüglich unter Angabe der Gründe mitgeteilt werden; die oder der Vorsitzende lädt sodann das Ersatzmitglied ein. [3] Die oder der Vorsitzende teilt jeder in der Dienststelle vertretenen Gewerkschaft den Zeitpunkt der Sitzung und die Tagesordnung rechtzeitig mit. [4] Die Sitzungen des Wahlvorstands sind mit Ausnahme der Sitzung, in der das Wahlergebnis festgestellt wird, nicht öffentlich.

(2) [1] Der Wahlvorstand beschließt mit Stimmenmehrheit. [2] Bei Stimmengleichheit gibt die Stimme der oder des Vorsitzenden den Ausschlag.

---

[1] Fundstelle: Hamburgisches Gesetz- und Verordnungsblatt – HmbGVBl. - 1973, S. 29, 175; Stand: letzte berücksichtigte Änderung: mehrfach geändert durch Art. 10 des Dreizehnten Gesetzes zur Änderung dienstrechtlicher Vorschriften vom 19. November 2024 (HmbGVBl. S. 594, 602). Verordnet auf Grund des § 104 des Hamburgischen Personalvertretungsgesetzes (HmbPersVG) vom 17. November 1972 (Hamburgisches Gesetz- und Verordnungsblatt Seite 211)

(3) [1] Über jede Sitzung des Wahlvorstands ist eine Niederschrift aufzunehmen, die mindestens den Wortlaut der Beschlüsse und die Abstimmungsergebnisse zu enthalten hat. [2] Die Niederschrift ist von allen Mitgliedern des Wahlvorstands zu unterzeichnen. [3] Der Dienststelle und jeder in der Dienststelle vertretenen Gewerkschaft ist eine Abschrift der Niederschrift zu übersenden. [4] Einwendungen gegen die Niederschrift durch eine oder einen Beauftragten einer in der Dienststelle vertretenen Gewerkschaft, die oder der an der Sitzung beratend teilgenommen hat, sind unverzüglich schriftlich oder in Textform zu erheben; sie sind der Niederschrift beizufügen.

(4) [1] Der Wahlvorstand gibt die Familien- und Vornamen seiner Mitglieder und Ersatzmitglieder unverzüglich nach seiner Bestellung oder Wahl in der Dienststelle durch Aushang bis zum Abschluss der Stimmabgabe bekannt. [2] Ergänzend ist eine elektronische Bekanntgabe, die sich an die Angehörigen der Dienststelle wendet, zulässig.

(5) Jedes Mitglied des Wahlvorstands ist zur Entgegennahme von Erklärungen, die dem Wahlvorstand gegenüber abzugeben sind, und von Wahlvorschlägen berechtigt.

(6) Die Dienststelle hat den Wahlvorstand bei der Wahrnehmung seiner Aufgaben zu unterstützen, insbesondere die erforderlichen Unterlagen vorzulegen und die notwendigen Auskünfte zu erteilen.

(7) Der Wahlvorstand soll darauf hinwirken, dass ausländische Angehörige des öffentlichen Dienstes, die der deutschen Sprache nicht mächtig sind, vor Einleitung der Wahl über das Wahlverfahren, die Aufstellung des Wählerverzeichnisses, die Einreichung von Wahlvorschlägen, den Wahlvorgang und die Stimmabgabe in geeigneter Weise unterrichtet werden.

(8) Der Wahlvorstand kann Wahlberechtigte der Dienststelle als Wahlhelferinnen oder Wahlhelfer zu seiner Unterstützung bei der Durchführung der Stimmabgabe und der Stimmenzählung bestellen; dabei soll er die Gruppen und Geschlechter angemessen berücksichtigen.

§ 2

Wählerverzeichnis

(1) Der Wahlvorstand ermittelt die Zahl der in der Regel beschäftigten Angehörigen des öffentlichen Dienstes der Dienststelle und ihre Verteilung auf die Gruppen; innerhalb der Gruppen sind die Anteile der Geschlechter festzustellen.

(2) [1] Der Wahlvorstand stellt ein Verzeichnis der Wahlberechtigten (Wählerverzeichnis), getrennt nach den Gruppen, auf, innerhalb der Gruppen sind die Anteile der Geschlechter festzustellen. [2] Die Wahlberechtigten sollen mit dem Familien- und Vornamen, dem Geburtsdatum und innerhalb der Gruppen in alphabetischer Reihenfolge eingetragen werden. [3] Der Wahlvorstand hat das Wählerverzeichnis bis zum Abschluss der Stimmabgabe laufend zu ergänzen und zu berichtigen.

(3) [1] Eine Abschrift des Wählerverzeichnisses ohne Angabe des Geburtsdatums der Wahlberechtigten ist vom Erlass des Wahlausschreibens bis zum Abschluss der Stimmabgabe an mindestens einer geeigneten Stelle zur Einsicht auszulegen. [2] Sind größere Beschäftigungsstellen räumlich getrennt, kann der Wahlvorstand die Auslegung von Auszügen aus dem Wählerverzeichnis nach Satz 1 für die einzelnen Beschäftigungsstellen beschließen. [3] Bei der Auslegung des Wählerverzeichnisses oder seiner Auszüge ist auf eine digitale Fundstelle dieser Verordnung hinzuweisen.

§ 3

Einsprüche gegen das Wählerverzeichnis

(1) Jede und jeder Angehörige des öffentlichen Dienstes der Dienststelle kann innerhalb einer Woche nach Erlass des Wahlausschreibens schriftlich beim Wahlvorstand Einspruch gegen die Richtigkeit des Wählerverzeichnisses einlegen.

(2) [1] Über den Einspruch entscheidet der Wahlvorstand. [2] Die Entscheidung ist zu begründen sowie der oder dem Angehörigen des öffentlichen Dienstes, die oder der den Einspruch eingelegt hat, unverzüglich, spätestens am Tag vor Beginn der Stimmabgabe, schriftlich oder in Textform bekannt zu geben. [3] Hält der Wahlvorstand den Einspruch für begründet, hat er das Wählerverzeichnis zu berichtigen.

§ 4
Beschlüsse über abweichende Sitzverteilung und gemeinsame Wahl

[1] Beschlüsse über

1. eine von § 16 des Gesetzes abweichende Verteilung der Sitze auf die Gruppen (§ 17 Absatz 1 des Gesetzes),

2. gemeinsame Wahl (§ 20 Absatz 2 des Gesetzes)

werden nur berücksichtigt, wenn sie dem Wahlvorstand innerhalb einer Woche seit der Bekanntgabe nach § 1 Absatz 4 vorliegen und ihm glaubhaft gemacht wird, dass sie unter der Leitung eines aus mindestens drei Wahlberechtigten bestehenden Abstimmungsvorstands in nach Gruppen getrennten geheimen Abstimmungen mit den jeweils erforderlichen Mehrheiten zustande gekommen sind. [2] Dem Abstimmungsvorstand muss eine oder ein Angehöriger jeder in der Dienststelle vertretenen Gruppe angehört haben.

§ 5
Ermittlung der Mitgliederzahl und der Sitzverteilung

(1) Der Wahlvorstand ermittelt die Zahl der zu wählenden Mitglieder des Personalrats (§ 15 des Gesetzes).

(2) Ist eine von § 16 des Gesetzes abweichende Verteilung der Sitze auf die Gruppen (§ 17 Absatz 1 des Gesetzes) nicht beschlossen worden und sind nicht beide Gruppen gleich groß, errechnet der Wahlvorstand die Verteilung der Sitze auf die Gruppen (§ 16 Absätze 1, 3 und 4 des Gesetzes) nach dem Höchstzahlverfahren.

(3) [1] Die Zahlen der bei der Dienststelle beschäftigten Angehörigen der Gruppen werden nebeneinander gestellt und der Reihe nach durch 1, 2, 3 usw. geteilt. [2] Auf die jeweils höchste Teilzahl (Höchstzahl) wird so lange ein Sitz zugeteilt, bis alle Sitze (§ 15 des Gesetzes) verteilt sind. [3] Jede Gruppe erhält so viele Sitze, wie Höchstzahlen auf sie entfallen. [4] Ist bei gleichen Höchstzahlen nur noch ein Sitz zuzuteilen, entscheidet das von der oder dem Vorsitzenden des Wahlvorstands zu ziehende Los.

(4) [1] Entfallen bei der Verteilung der Sitze nach Absatz 3 auf eine Gruppe weniger Sitze als ihr nach § 16 Absatz 3 des Gesetzes mindestens zustehen, erhält sie die in § 16 Absatz 3 des Gesetzes festgesetzte Zahl von Sitzen. [2] Die Zahl der Sitze der anderen Gruppe vermindert sich entsprechend. [3] Sitze, die einer Gruppe nach § 16 Absatz 3 des Gesetzes mindestens zustehen, können ihr nicht entzogen werden.

(5) Sind beide Gruppen gleich groß, erübrigt sich die Verteilung der Sitze nach dem Höchstzahlverfahren; in diesem Fall entscheidet das von der oder dem Vorsitzenden des Wahlvorstands zu ziehende Los, welcher Gruppe die höhere Zahl von Sitzen zufällt.

§ 6
Wahlausschreiben

(1) [1] Nach Ablauf der in § 4 Satz 1 genannten Frist erlässt der Wahlvorstand das Wahlausschreiben. [2] Es ist von allen Mitgliedern des Wahlvorstands zu unterzeichnen.

(2) Das Wahlausschreiben muss enthalten

1. den Tag seines Erlasses,

2. die Zahl der zu wählenden Mitglieder des Personalrats und die Verteilung der Sitze auf die Gruppen,

3. Angaben über die Anteile der Geschlechter innerhalb der Dienststelle, getrennt nach Gruppen, mit dem Hinweis, dass Frauen und Männer ihrem zahlenmäßigen Anteil in der Dienststelle entsprechend im Personalrat vertreten sein sollen (§ 18 Absatz 4 HmbPersVG),

4. Angaben darüber, ob

   a) die Gruppen ihre Vertreterinnen und Vertreter in getrennten Wahlgängen wählen (Gruppenwahl) oder

   b) vor Erlass des Wahlausschreibens gemeinsame Wahl beschlossen worden ist,

5. die Angabe, wo und wann das Wählerverzeichnis und diese Verordnung zur Einsicht ausliegen,

6. den Hinweis, dass nur wählen kann, wer in das Wählerverzeichnis eingetragen ist,

7. den Hinweis, dass Einsprüche gegen die Richtigkeit des Wählerverzeichnisses nur innerhalb einer Woche nach Erlass des Wahlausschreibens schriftlich beim Wahlvorstand eingelegt werden können; der letzte Tag der Einspruchsfrist ist anzugeben,

8. die Mindestzahl von Wahlberechtigten, von denen ein nicht von einer Gewerkschaft eingereichter Wahlvorschlag unterzeichnet sein muss,

9. den Hinweis, dass jede und jeder Angehörige des öffentlichen Dienstes nur einen Wahlvorschlag unterzeichnen und nur auf einem Wahlvorschlag benannt werden kann,

10. die Aufforderung, Wahlvorschläge innerhalb von zwei Wochen nach Erlass des Wahlausschreibens beim Wahlvorstand einzureichen; der letzte Tag der Einreichungsfrist ist anzugeben,

11. die Hinweise, dass nur fristgerecht eingereichte Wahlvorschläge berücksichtigt werden und nur gewählt werden kann, wer in einen solchen Wahlvorschlag aufgenommen ist,

12. den Ort, an dem die Wahlvorschläge bekannt gegeben werden,

13. den Ort, den Tag und die Zeit der Stimmabgabe,

14. den Hinweis auf die Möglichkeit der Stimmabgabe durch Briefwahl,

15. den Ort, den Tag und die Zeit der Sitzung des Wahlvorstands, in der das Wahlergebnis festgestellt wird.

(3) Der Wahlvorstand hat eine Abschrift des Wahlausschreibens

1. von seinem Erlass bis zum Abschluss der Stimmabgabe an mindestens einer geeigneten, den Wahlberechtigten zugänglichen Stelle, bei räumlich getrennten größeren Beschäftigungsstellen in jeder einzelnen Beschäftigungsstelle, auszuhängen und in gut lesbarem Zustand zu erhalten; ergänzend ist eine elektronische Information, die sich ausschließlich an die Angehörigen der Dienststelle wendet, zulässig,

2. am Tag seines Erlasses an jede in der Dienststelle vertretene Gewerkschaft zur Zustellung aufzugeben.

(4) Offenbare Unrichtigkeiten des Wahlausschreibens können vom Wahlvorstand jederzeit berichtigt werden.

(5) Mit Erlass des Wahlausschreibens ist die Wahl eingeleitet.

§ 7
Frist für die Einreichung der Wahlvorschläge

Die Wahlvorschläge sind innerhalb von zwei Wochen nach Erlass des Wahlausschreibens beim Wahlvorstand einzureichen.

§ 8
Inhalt der Wahlvorschläge

(1) Jeder Wahlvorschlag soll mindestens doppelt so viele Bewerberinnen und Bewerber enthalten, wie bei

1. Gruppenwahl Vertreterinnen und Vertreter der Gruppen,

2. gemeinsamer Wahl Mitglieder des Personalrats

zu wählen sind.

(2) Frauen und Männer sollen ihrem zahlenmäßigen Anteil in der Dienststelle entsprechend im Personalrat vertreten sein.

(3) [1] Die Bewerberinnen und Bewerber sind auf dem Wahlvorschlag mit

1. dem Familien- und Vornamen,

2. dem Geburtsdatum,

3. der Beschäftigungsstelle,

4. der Gruppenangehörigkeit

nach laufenden Nummern untereinander aufzuführen. [2] Bei gemeinsamer Wahl sind die Bewerberinnen und Bewerber nach der Gruppenangehörigkeit zusammenzufassen.

(4) [1] In jedem Wahlvorschlag soll angegeben werden, welche oder welcher der Unterzeichnerinnen und Unterzeichner zur Vertretung des Vorschlags gegenüber dem Wahlvorstand sowie zur Entgegennahme von Erklärungen und Entscheidungen des Wahlvorstands berechtigt ist. [2] Fehlt eine Angabe hierüber oder ist die benannte Unterzeichnerin oder der benannte Unterzeichner verhindert, gelten die Unterzeichnerinnen und Unterzeichner in ihrer Reihenfolge als berechtigt. [3] In jedem von einer Gewerkschaft eingereichten Wahlvorschlag können Wahlberechtigte der

Dienststelle neben Unterzeichnerinnen und Unterzeichnern oder an deren Stelle als berechtigt benannt werden.

(5) Jeder Wahlvorschlag kann mit einem Kennwort versehen werden.

§ 9

Sonstige Erfordernisse

(1) Dem Wahlvorschlag ist die schriftliche Zustimmung der Bewerberinnen und Bewerber zur Benennung im Wahlvorschlag beizufügen.

(2) Eine Verbindung von Wahlvorschlägen ist unzulässig.

§ 10

Behandlung der Wahlvorschläge durch den Wahlvorstand, ungültige Wahlvorschläge

(1) [1] Der Wahlvorstand vermerkt auf den Wahlvorschlägen den Tag und die Zeit des Eingangs. [2] Im Fall des Absatzes 5 sind auch der Tag und die Zeit des Eingangs des berichtigten Wahlvorschlags zu vermerken.

(2) Wahlvorschläge, die ungültig sind, weil sie

1. Bewerberinnen und Bewerber enthalten, die nicht wählbar sind,

2. bei der Einreichung nicht die erforderliche Zahl von Unterschriften aufweisen oder

3. nicht fristgerecht eingereicht worden sind,

gibt der Wahlvorstand unverzüglich nach dem Eingang unter Angabe der Gründe zurück.

(3) [1] Der Wahlvorstand hat eine Bewerberin oder einen Bewerber, die oder der mit ihrer oder seiner schriftlichen Zustimmung auf mehreren Wahlvorschlägen benannt ist, aufzufordern, innerhalb von drei Tagen zu erklären, auf welchem Wahlvorschlag sie oder er benannt bleiben will. [2] Gibt die Bewerberin oder der Bewerber diese Erklärung nicht fristgerecht ab, wird sie oder er auf allen Wahlvorschlägen gestrichen.

(4) [1] Der Wahlvorstand hat eine Wahlberechtigte oder einen Wahlberechtigten, die oder der mehrere Wahlvorschläge unterzeichnet hat, aufzufordern, innerhalb von drei Tagen zu erklären, welche Unterschrift sie oder

er aufrechterhält. [2] Gibt die oder der Wahlberechtigte diese Erklärung nicht fristgerecht ab, zählt ihre oder seine Unterschrift nur auf dem zuerst eingegangenen Wahlvorschlag; auf den anderen Wahlvorschlägen wird sie gestrichen. [3] Sind mehrere Wahlvorschläge gleichzeitig eingegangen, entscheidet das von der oder dem Vorsitzenden des Wahlvorstands bei Anwesenheit des gesamten Wahlvorstands zu ziehende Los, auf welchem Wahlvorschlag die Unterschrift zählt.

(5) [1] Wahlvorschläge, die

1. den Erfordernissen des § 8 Absatz 3 nicht entsprechen,

2. ohne die schriftliche Zustimmung der Bewerberinnen und Bewerber eingereicht sind,

3. infolge von Streichungen nach Absatz 4 nicht mehr die erforderliche Zahl von Unterschriften aufweisen,

hat der Wahlvorstand mit der Aufforderung zurückzugeben, die Mängel innerhalb von drei Tagen zu beseitigen. [2] Werden die Mängel nicht fristgerecht beseitigt, sind diese Wahlvorschläge ungültig.

§ 11
Nachfrist für die Einreichung von Wahlvorschlägen

(1) Ist nach Ablauf der in § 7 und § 10 Absatz 5 Satz 1 genannten Fristen bei

1. Gruppenwahl nicht für jede Gruppe ein gültiger Wahlvorschlag,

2. gemeinsamer Wahl kein gültiger Wahlvorschlag

eingereicht worden, gibt der Wahlvorstand dies unverzüglich in der gleichen Weise wie das Wahlausschreiben bekannt (§ 6 Absatz 3) und fordert zur Einreichung von Wahlvorschlägen innerhalb einer Nachfrist von einer Woche auf.

(2) Der Wahlvorstand weist bei der Bekanntgabe darauf hin, dass bei

1. Gruppenwahl eine Gruppe keine Vertreterinnen und Vertreter in den Personalrat wählen,

2. gemeinsamer Wahl der Personalrat nicht gewählt werden

16

kann, wenn auch innerhalb der Nachfrist kein gültiger Wahlvorschlag eingereicht wird.

(3) Werden auch innerhalb der Nachfrist gültige Wahlvorschläge nicht eingereicht, gibt der Wahlvorstand unverzüglich in der gleichen Weise wie das Wahlausschreiben bekannt (§ 6 Absatz 3) bei

1. Gruppenwahl, für welche Gruppe keine Vertreterinnen und Vertreter gewählt werden können,

2. gemeinsamer Wahl, dass die Wahl nicht stattfinden kann und das Amt des Wahlvorstands erloschen ist.

§ 12

Bezeichnung der Wahlvorschläge

(1) [1] Der Wahlvorstand versieht die Wahlvorschläge in der Reihenfolge ihres Eingangs, bei Gruppenwahl nach Gruppen getrennt, mit Ordnungsnummern (Vorschlag 1 usw.). [2] Vorzeitig eingegangene Wahlvorschläge gelten als mit Beginn der Einreichungsfrist eingegangen. [3] Ist ein Wahlvorschlag berichtigt worden, ist der Zeitpunkt des Eingangs des berichtigten Wahlvorschlags maßgebend. [4] Sind mehrere Wahlvorschläge gleichzeitig eingegangen, entscheidet das von der oder dem Vorsitzenden des Wahlvorstands zu ziehende Los über die Reihenfolge.

(2) [1] Der Wahlvorstand bezeichnet die Wahlvorschläge mit den Familien- und Vornamen bei

1. Gruppenwahl der an erster und zweiter Stelle,

2. gemeinsamer Wahl der für die Gruppen an erster Stelle

benannten Bewerberinnen und Bewerber. [2] Bei Wahlvorschlägen, die mit einem Kennwort versehen sind, ist auch das Kennwort anzugeben.

§ 13

Bekanntgabe der Wahlvorschläge

(1) [1] Nach Ablauf der in § 7, § 10 Absatz 5 Satz 1 und § 11 Absatz 1 genannten Fristen gibt der Wahlvorstand unverzüglich, spätestens aber zwei Wochen vor Beginn der Stimmabgabe, die als gültig anerkannten vollständigen Wahlvorschläge unter Angabe der Ordnungsnummern in der gleichen

Weise wie das Wahlausschreiben bekannt (§ 6 Absatz 3). [2] Die Stimmzettel sollen in diesem Zeitpunkt vorliegen.

(2) Die Namen der Unterzeichnerinnen und Unterzeichner der Wahlvorschläge werden nicht bekannt gegeben.

§ 14
Ausübung des aktiven Wahlrechts, Stimmzettel, ungültige Stimmabgabe

(1) Wählen kann nur, wer in das Wählerverzeichnis eingetragen ist.

(2) Das aktive Wahlrecht wird durch die Kennzeichnung und die Abgabe des gefalteten Stimmzettels oder bei Briefwahl die Übersendung des gekennzeichneten und gefalteten Stimmzettels in einem Wahlumschlag ausgeübt.

(3) [1] Die Stimmzettel und bei Briefwahl die Wahlumschläge müssen bei

1. Gruppenwahl nach Gruppen getrennt,

2. gemeinsamer Wahl für alle Wählerinnen und Wähler

die gleiche Größe, Farbe, Beschaffenheit und Beschriftung haben. [2] Die Stimmzettel sind mindestens 21 cm x 29,7 cm (DIN A 4) groß. [3] Das Papier muss so beschaffen sein, dass die Kennzeichnung des Stimmzettels nach Faltung durch die Wählerin oder den Wähler nicht mehr erkennbar ist.

(4) Ungültig sind Stimmzettel,

1. die so gefaltet sind, dass die Stimmabgabe erkennbar ist, und die bei Briefwahl nicht in einem Wahlumschlag abgegeben worden sind,

2. die nicht vom Wahlvorstand ausgegeben worden sind,

3. aus denen sich der Wille der Wählerin oder des Wählers nicht zweifelsfrei ergibt,

4. die ein besonderes Merkmal, einen Zusatz oder einen Vorbehalt enthalten.

(5) Mehrere bei Briefwahl in einem Wahlumschlag für eine Wahl enthaltene Stimmzettel, die übereinstimmend gekennzeichnet sind, werden als eine Stimme gezählt.

18

§ 15

Wahlhandlung

(1) [1] Der Wahlvorstand trifft Vorkehrungen, dass die Wählerin oder der Wähler den Stimmzettel im Wahlraum unbeobachtet kennzeichnen und den Stimmzettel nach der Kennzeichnung in der Weise falten kann, dass ihre oder seine Stimmabgabe nicht erkennbar ist. [2] Für die Aufnahme der Stimmzettel sind Wahlurnen zu verwenden. [3] Vor Beginn der Stimmabgabe hat der Wahlvorstand festzustellen, dass die Urnen leer sind, und sie zu verschließen. [4] Die Urne muss so eingerichtet sein, dass die eingeworfenen Stimmzettel nicht vor dem Öffnen entnommen werden können. [5] Bei Gruppenwahl sind getrennte Urnen zu verwenden; die Stimmabgabe kann auch nach Gruppen getrennt durchgeführt werden.

(2) Die Wahlhandlung ist für Angehörige des öffentlichen Dienstes der Dienststelle und Beauftragte der in der Dienststelle vertretenen Gewerkschaften öffentlich.

(3) [1] Solange der Wahlraum zur Stimmabgabe geöffnet ist, müssen mindestens zwei Mitglieder des Wahlvorstands im Wahlraum anwesend sein. [2] Sind Wahlhelferinnen oder Wahlhelfer bestellt, genügt die Anwesenheit von drei Wahlhelferinnen oder Wahlhelfern.

(4) [1] Vor Einwurf des Stimmzettels in die Urne ist festzustellen, ob die Wählerin oder der Wähler im Wählerverzeichnis eingetragen ist. [2] Ist dies der Fall, übergibt die Wählerin oder der Wähler den Stimmzettel dem mit der Entgegennahme der Stimmzettel betrauten Mitglied des Wahlvorstands, das ihn in Gegenwart der Wählerin oder des Wählers in die Urne legt. [3] Die Stimmabgabe ist im Wählerverzeichnis zu vermerken.

(5) [1] Wird die Wahlhandlung unterbrochen oder das Wahlergebnis nicht unmittelbar nach Abschluss der Stimmabgabe festgestellt, hat der Wahlvorstand für die Zwischenzeit die Urne so zu verschließen und aufzubewahren, dass der Einwurf oder die Entnahme von Stimmzetteln ohne Beschädigung des Verschlusses unmöglich ist. [2] Bei der Wiedereröffnung der Wahlhandlung oder der Entnahme der Stimmzettel zur Stimmenzählung hat sich der Wahlvorstand davon zu überzeugen, dass der Verschluss unversehrt ist.

(6) [1] Nach Ablauf der für die Stimmabgabe festgesetzten Zeit darf nur noch wählen, wer den Wahlraum vorher betreten hat. [2] Sodann erklärt der Wahlvorstand die Stimmabgabe und damit die Wahl für abgeschlossen.

(7) [1] Die Stimmabgabe kann sich über mehrere Tage erstrecken. [2] Der Wahlvorstand kann beschließen, dass mehrere Wahlräume eingerichtet werden, und für die einzelnen Wahlräume unterschiedliche Zeiten der Stimmabgabe festsetzen.

§ 16
Stimmabgabe durch Briefwahl

(1) Der Wahlvorstand kann Briefwahl für Verwaltungseinheiten beschließen,

1. die keine eigene Personalverwaltung haben (§ 6 Absatz 2 Satz 2 des Gesetzes),

2. bei denen besondere Personalräte gewählt werden (§ 11 Absätze 3 und 4 des Gesetzes)

oder

3. bei denen die dienstlichen Verhältnisse, insbesondere die Art der Dienststelle, zwingend die Briefwahl erfordern.

(2) Einer oder einem Wahlberechtigten, die oder der zu der für die Stimmabgabe festgesetzten Zeit verhindert ist, ihre oder seine Stimme persönlich abzugeben, gestattet der Wahlvorstand auf Antrag die Stimmabgabe durch Briefwahl.

(3) [1] Im Fall der Briefwahl übergibt oder übersendet der Wahlvorstand der oder dem Wahlberechtigten

1. die Wahlvorschläge,

2. den Stimmzettel,

3. den Wahlumschlag,

4. einen größeren Freiumschlag, der die Anschrift des Wahlvorstands und als Absender den Familien- und Vornamen sowie die Anschrift der oder des Wahlberechtigten und den Vermerk »Briefwahl« trägt.

[2] Auf Antrag ist auch eine Abschrift des Wahlausschreibens zu übergeben oder zu übersenden. [3] Der Wahlvorstand vermerkt die Übergabe oder Übersendung der Unterlagen im Wählerverzeichnis.

(4) Die Wählerin oder der Wähler gibt ihre oder seine Stimme in der Weise ab, dass sie oder er den Stimmzettel unbeobachtet kennzeichnet, ihn in der Weise faltet, dass ihre oder seine Stimmabgabe nicht erkennbar ist, ihn in den Wahlumschlag legt und diesen unter Verwendung des Freiumschlags dem Wahlvorstand so rechtzeitig übergibt oder übersendet, dass er bis zum Abschluss der Wahl vorliegt.

§ 17
Behandlung der durch Briefwahl abgegebenen Stimmen

(1) Unmittelbar vor Abschluss der Wahl entnimmt der Wahlvorstand die Wahlumschläge den bis zu diesem Zeitpunkt eingegangenen Freiumschlägen, vermerkt die Stimmabgabe im Wählerverzeichnis und legt die den Wahlumschlägen entnommenen Stimmzettel in die Wahlurne.

(2) [1] Verspätet eingehende Freiumschläge hat der Wahlvorstand mit einem Vermerk über den Zeitpunkt des Eingangs ungeöffnet zu den Wahlunterlagen zu nehmen. [2] Die Freiumschläge sind aufzubewahren, bis die Gültigkeit der Wahl feststeht; sodann sind sie ungeöffnet zu vernichten.

§ 18
Feststellung des Wahlergebnisses

(1) Unverzüglich, spätestens am dritten Tag nach Abschluss der Stimmabgabe, stellt der Wahlvorstand das Wahlergebnis fest.

(2) Nach Öffnen der Wahlurne vergleicht der Wahlvorstand die Zahl der in der Wahlurne enthaltenen Stimmzettel mit der Zahl der nach dem Wählerverzeichnis abgegebenen Stimmen und prüft ihre Gültigkeit.

(3) Der Wahlvorstand zählt bei

1. Verhältniswahl die auf jede Vorschlagsliste,

2. Mehrheitswahl die auf jede einzelne Bewerberin oder jeden einzelnen Bewerber

entfallenen gültigen Stimmzettel zusammen.

(4) Stimmzettel, über deren Gültigkeit oder Ungültigkeit der Wahlvorstand beschließt, weil sie zu Zweifeln Anlass geben, sind mit laufender

Nummer zu versehen und von den übrigen Stimmzetteln gesondert zu den Wahlunterlagen zu nehmen.

§ 19

Wahlniederschrift

(1) Die Niederschrift über das Wahlergebnis muss enthalten

1. bei

   a) Gruppenwahl die Summe der von den Angehörigen jeder Gruppe,

   b) gemeinsamer Wahl die Summe aller

   insgesamt abgegebenen und abgegebenen gültigen Stimmen,

2. die Zahl der ungültigen Stimmen,

3. die für die Gültigkeit oder Ungültigkeit zweifelhafter Stimmen maßgebenden Gründe,

4. bei

   a) Verhältniswahl die Zahl der auf jede Vorschlagsliste entfallenen gültigen Stimmen sowie die Errechnung der Höchstzahlen und ihre Verteilung auf die Vorschlagslisten,

   b) Mehrheitswahl die Zahl der auf jede Bewerberin oder jeden Bewerber entfallenen gültigen Stimmen,

5. die Namen der gewählten Bewerberinnen oder Bewerber,

6. die Reihenfolge der Ersatzmitglieder.

(2) Besondere Vorkommnisse bei der Wahlhandlung oder der Feststellung des Wahlergebnisses sind in der Niederschrift zu vermerken.

§ 20

Benachrichtigung der gewählten Bewerberinnen oder Bewerber

Der Wahlvorstand benachrichtigt die als Mitglieder des Personalrats Gewählten unverzüglich schriftlich von ihrer Wahl.

§ 21
Bekanntgabe des Wahlergebnisses

Der Wahlvorstand gibt in der gleichen Weise wie das Wahlausschreiben bekannt (§ 6 Absatz 3)

1. die Familien- und Vornamen der als Mitglieder des Personalrats gewählten Bewerberinnen oder Bewerber,

2. die Reihenfolge der Ersatzmitglieder,

3. die Zahl der Wahlberechtigten,

4. die Zahl der Wählerinnen oder Wähler,

5. die Zahl der gültigen Stimmen,

6. die Zahl der ungültigen Stimmen.

Der Aushang dauert mindestens zwei Wochen.

§ 22
Berichtigung des Wahlergebnisses

(1) Offenbare Unrichtigkeiten des Wahlergebnisses können vom Wahlvorstand innerhalb der Frist für die Anfechtung der Wahl berichtigt werden.

(2) Berührt die Berichtigung die Bekanntgabe des Wahlergebnisses, wird sie entsprechend § 21 bekannt gegeben.

§ 23
Aufbewahrung der Wahlunterlagen

Die Wahlunterlagen (Niederschriften, Bekanntmachungen, Stimmzettel usw.) werden vom Personalrat bis zum Ablauf seiner Amtszeit aufbewahrt.

2. Besondere Vorschriften für die Wahl mehrerer Mitglieder des Personalrats oder Vertreterinnen oder Vertreter der Gruppen

a) Wahlverfahren bei mehreren Wahlvorschlägen (Verhältniswahl)

§ 24
Voraussetzungen, Stimmzettel, Stimmabgabe

(1) [1] Nach den Grundsätzen der Verhältniswahl (Listenwahl) ist zu wählen, wenn bei

1. Gruppenwahl für die betreffende Gruppe,

2. gemeinsamer Wahl

mehrere gültige Wahlvorschläge eingereicht worden sind. [2] In diesen Fällen kann jede Wählerin und jeder Wähler ihre oder seine Stimme nur für den gesamten Wahlvorschlag (Vorschlagsliste) abgeben.

(2) [1] Auf dem Stimmzettel sind die Vorschlagslisten in der Reihenfolge der Ordnungsnummern mit den Familien- und Vornamen, den Beschäftigungsstellen und der Gruppenangehörigkeit bei

1. Gruppenwahl der an erster und zweiter Stelle,

2. gemeinsamer Wahl der für die Gruppen an erster Stelle

benannten Bewerberinnen und Bewerber untereinander aufzuführen. [2] Bei Vorschlagslisten, die mit einem Kennwort versehen sind, ist auch das Kennwort anzugeben. [3] Der Stimmzettel soll einen Hinweis enthalten, dass jede Wählerin und jeder Wähler nur eine Stimme hat. [4] Weitere Angaben auf dem Stimmzettel sind nicht zulässig.

(3) Die Wählerin oder der Wähler hat auf dem Stimmzettel die Vorschlagsliste anzukreuzen oder in sonstiger Weise eindeutig zu kennzeichnen, für die sie oder er ihre oder seine Stimme abgeben will.

§ 25
Ermittlung der gewählten Vertreterinnen oder Vertreter der Gruppen bei Gruppenwahl

(1) [1] Bei Gruppenwahl werden die Summen der auf die einzelnen Vorschlagslisten jeder Gruppe entfallenen Stimmen nebeneinander gestellt und der Reihe nach durch 1, 2, 3 usw. geteilt. [2] Auf die jeweils höchste Teilzahl (Höchstzahl) wird so lange ein Sitz zugeteilt, bis alle der Gruppe zustehenden Sitze verteilt sind. [3] Ist bei gleichen Höchstzahlen nur noch ein Sitz oder sind bei drei gleichen Höchstzahlen nur noch zwei Sitze zuzuteilen, entscheidet das von der oder dem Vorsitzenden des Wahlvorstands zu ziehende Los.

(2) Enthält eine Vorschlagsliste weniger Bewerberinnen und Bewerber als ihr nach den Höchstzahlen Sitze zustehen würden, fallen die überschüssigen Sitze den anderen Vorschlagslisten in der Reihenfolge der nächsten Höchstzahlen zu.

(3) Innerhalb der Vorschlagslisten werden die Sitze auf die Bewerberinnen und Bewerber in der Reihenfolge ihrer Benennung verteilt.

(4) Ersatzmitglieder sind die nicht gewählten Bewerberinnen und Bewerber jeder Vorschlagsliste in der Reihenfolge ihrer Benennung.

§ 26
Ermittlung der gewählten Vertreterinnen oder Vertreter der Gruppen bei gemeinsamer Wahl

(1) [1] Bei gemeinsamer Wahl werden die Summen der auf die einzelnen Vorschlagslisten entfallenen Stimmen nebeneinander gestellt und der Reihe nach durch 1, 2, 3 usw. geteilt. [2] Die jeder Gruppe zustehenden Sitze werden getrennt, jedoch unter Verwendung derselben Teilzahlen, ermittelt. [3] § 25 Absatz 1 Sätze 2 und 3 gilt entsprechend.

(2) Enthält eine Vorschlagsliste weniger Bewerberinnen und Bewerber einer Gruppe als ihr nach den Höchstzahlen Sitze zustehen würden, fallen die überschüssigen Sitze dieser Gruppe den Angehörigen derselben Gruppe auf den anderen Vorschlagslisten in der Reihenfolge der nächsten Höchstzahlen zu.

(3) Innerhalb der Vorschlagslisten werden die den einzelnen Gruppen zustehenden Sitze auf ihre Bewerberinnen und Bewerber in der Reihenfolge ihrer Benennung verteilt.

(4) Ersatzmitglieder sind die nicht gewählten Bewerberinnen und Bewerber derselben Gruppe jeder Vorschlagsliste in der Reihenfolge ihrer Benennung.

b) Wahlverfahren bei einem Wahlvorschlag (Mehrheitswahl)

§ 27
Voraussetzungen, Stimmzettel, Stimmabgabe

(1) [1] Nach den Grundsätzen der Mehrheitswahl (Personenwahl) ist zu wählen, wenn bei

1. Gruppenwahl für die betreffende Gruppe,

2. gemeinsamer Wahl

nur ein gültiger Wahlvorschlag eingereicht worden ist. [2] In diesen Fällen kann jede Wählerin und jeder Wähler ihre oder seine Stimme nur für die einzelnen Bewerberinnen und Bewerber abgeben.

(2) [1] Auf den Stimmzettel werden die Bewerberinnen und Bewerber aus dem Wahlvorschlag in unveränderter Reihenfolge mit den Familien- und Vornamen, den Beschäftigungsstellen und der Gruppenangehörigkeit übernommen. [2] Der Stimmzettel soll einen Hinweis auf die Zahl der von jeder Wählerin und jedem Wähler abzugebenden Stimmen enthalten. [3] Weitere Angaben auf dem Stimmzettel sind nicht zulässig.

(3) Die Wählerin oder der Wähler hat auf dem Stimmzettel die Namen der Bewerberinnen und Bewerber anzukreuzen oder in sonstiger Weise eindeutig zu kennzeichnen, für die sie oder er ihre oder seine Stimme abgeben will. Die Wählerin oder der Wähler darf bei

1. Gruppenwahl nicht mehr Namen kennzeichnen als für die Gruppe Vertreterinnen oder Vertreter,

2. gemeinsamer Wahl nicht mehr Namen kennzeichnen als Mitglieder des Personalrats

zu wählen sind.

§ 28

Ermittlung der gewählten Bewerberinnen und Bewerber

(1) [1] Bei Gruppenwahl sind die Bewerber in der Reihenfolge der jeweils höchsten auf sie entfallenen Stimmenzahlen gewählt. [2] Ersatzmitglieder sind die nicht gewählten Bewerberinnen und Bewerber in der Reihenfolge entsprechend Satz 1.

(2) [1] Bei gemeinsamer Wahl werden die den einzelnen Gruppen zustehenden Sitze mit den Bewerberinnen und Bewerbern dieser Gruppen in der Reihenfolge der jeweils höchsten auf sie entfallenen Stimmenzahlen besetzt. [2] Absatz 1 Satz 2 gilt entsprechend.

(3) Bei gleicher Stimmenzahl entscheidet das von der oder dem Vorsitzenden des Wahlvorstands zu ziehende Los.

3. Besondere Vorschriften für die Wahl eines Mitglieds des Personalrats oder einer Vertreterin oder eines Vertreters einer Gruppe (Mehrheitswahl)

§ 29

Voraussetzungen, Stimmzettel, Stimmabgabe, Wahlergebnis

(1) Nach den Grundsätzen der Mehrheitswahl (Personenwahl) ist zu wählen, wenn,

1. nur ein Mitglied des Personalrats,

2. bei Gruppenwahl nur eine Vertreterin oder ein Vertreter

zu wählen ist.

(2) In dem Stimmzettel werden die Bewerberinnen und Bewerber aus den Wahlvorschlägen in alphabetischer Reihenfolge unter Angabe von Familienname, Vorname, Amts- oder Funktionsbezeichnung übernommen.

(3) Die Wählerin oder der Wähler hat auf dem Stimmzettel den Namen der Bewerberin oder des Bewerbers anzukreuzen, für die oder den sie oder er ihre oder seine Stimme abgeben will.

(4) ¹ Gewählt ist die Bewerberin oder der Bewerber, die oder der die meisten Stimmen erhalten hat. ² Bei gleicher Stimmenzahl entscheidet das von der oder dem Vorsitzenden des Wahlvorstands zu ziehende Los. ³ Die übrigen Bewerberinnen und Bewerber sind in der Reihenfolge der Stimmenzahlen Ersatzmitglieder.

Abschnitt II

Wahl des Gesamtpersonalrats

§ 30
Entsprechende Anwendung der Vorschriften über die Wahl des Personalrats

¹ Für die Wahl des Gesamtpersonalrats gelten die §§ 1 bis 29 entsprechend, soweit in diesem Abschnitt nichts anderes bestimmt ist. ² Dabei treten an die Stelle

1. der Dienststelle die Fachbehörde oder der Bereich, für den der Gesamtpersonalrat zu bilden ist,

2. der in der Dienststelle vertretenen Gewerkschaften die Gewerkschaften, die in dem Bereich vertreten sind, für den der Gesamtpersonalrat zu bilden ist.

§ 31
Wahlvorstand, örtliche Wahlvorstände

(1) ¹ Der Wahlvorstand für die Wahl des Gesamtpersonalrats (§ 60 Absatz 2 Satz 1 oder 2 des Gesetzes) leitet dessen Wahl. ² Die örtlichen Wahlvorstände (§ 60 Absatz 3 oder 4 des Gesetzes) führen die Wahl in den Dienststellen durch.

(2) Der Wahlvorstand für die Wahl des Gesamtpersonalrats teilt die Familien- und Vornamen seiner Mitglieder und Ersatzmitglieder unverzüglich nach seiner Bestellung den örtlichen Wahlvorständen zur Bekanntgabe nach § 1 Absatz 4 an einem von ihm zu bestimmenden Tag mit.

(3) Die Aufgabe nach § 1 Absatz 7 nehmen die örtlichen Wahlvorstände wahr.

§ 32

Wählerverzeichnis

(1) [1] Der örtliche Wahlvorstand stellt das Wählerverzeichnis auf; er trägt die Wahlberechtigten des Bereichs ein, für den der Gesamtpersonalrat zu bilden ist. [2] Bei Verbindung der Wahl des Gesamtpersonalrats mit der Wahl eines Personalrats wird ein gemeinsames Wählerverzeichnis aufgestellt.

(2) Über Einsprüche gegen die Richtigkeit des Wählerverzeichnisses entscheidet der örtliche Wahlvorstand.

(3) [1] Der örtliche Wahlvorstand teilt die Zahlen der in der Regel beschäftigten Angehörigen des öffentlichen Dienstes und der Wahlberechtigten jeweils des Bereichs, für den der Gesamtpersonalrat zu bilden ist, und ihre Verteilung auf die Gruppen unverzüglich schriftlich dem Wahlvorstand für die Wahl des Gesamtpersonalrats mit. [2] Dabei sind innerhalb der Gruppen die Anteile der Geschlechter festzustellen.

§ 33

Wahlausschreiben

(1) [1] Nach Ablauf der Frist des § 4 Satz 1 erlassen der Wahlvorstand für die Wahl des Gesamtpersonalrats und der örtliche Wahlvorstand jeweils gemeinsam das Wahlausschreiben. [2] Der Teil des Wahlausschreibens nach Absatz 2 ist von allen Mitgliedern des Wahlvorstands für die Wahl des Gesamtpersonalrats, der Teil des Wahlausschreibens nach Absatz 3 von allen Mitgliedern des örtlichen Wahlvorstands zu unterzeichnen. [3] Alle Wahlausschreiben für den Bereich, für den der Gesamtpersonalrat zu bilden ist, sind an einem vom Wahlvorstand für die Wahl des Gesamtpersonalrats zu bestimmenden Tag zu erlassen.

(2) Der vom Wahlvorstand für die Wahl des Gesamtpersonalrats vorzubereitende Teil des Wahlausschreibens muss enthalten

1. den Tag seines Erlasses,

2. die Angabe, dass es sich auf die Wahl des Gesamtpersonalrats bezieht,

3. die Angabe des Bereichs, für den der Gesamtpersonalrat zu bilden ist,

4. die Zahl der zu wählenden Mitglieder des Gesamtpersonalrats und die Verteilung der Sitze auf die Gruppen,

5. Angaben über die Anteile der Geschlechter innerhalb der Dienststelle, getrennt nach Gruppen, mit dem Hinweis, dass Frauen und Männer ihrem zahlenmäßigen Anteil in der Dienststelle entsprechend im Personalrat vertreten sein sollen (§ 18 Absatz 4 HmbPersVG),

6. Angaben darüber, ob

   a) die Gruppen ihre Vertreterinnen oder Vertreter in getrennten Wahlgängen wählen (Gruppenwahl) oder

   b) vor Erlass des Wahlausschreibens gemeinsame Wahl beschlossen worden ist,

7. den Hinweis, dass nur wählen kann, wer in das vom örtlichen Wahlvorstand aufgestellte Wählerverzeichnis eingetragen ist,

8.

   a) bei Verbindung der Wahl des Gesamtpersonalrats mit der Wahl der Personalräte den Hinweis, dass auf einem Wahlvorschlag nur benannt werden kann, wer in einen Wahlvorschlag für die Wahl der Personalräte aufgenommen ist,

   b) ohne Verbindung der Wahl des Gesamtpersonalrats mit der Wahl der Personalräte den Hinweis, dass auf einem Wahlvorschlag nur benannt werden kann, wer Mitglied eines der Personalräte ist,

9. die Mindestzahl von Wahlberechtigten, von denen ein nicht von einer Gewerkschaft eingereichter Wahlvorschlag unterzeichnet sein muss,

10. den Hinweis, dass jede oder jeder Angehörige des öffentlichen Dienstes nur einen Wahlvorschlag unterzeichnen und nur auf einem Wahlvorschlag benannt werden kann,

11. die Aufforderung, Wahlvorschläge innerhalb von zwei Wochen nach Erlass des Wahlausschreibens beim Wahlvorstand für die Wahl des Gesamtpersonalrats einzureichen; der letzte Tag der Einreichungsfrist ist anzugeben,

12. die Hinweise, dass nur fristgerecht eingereichte Wahlvorschläge berücksichtigt werden und nur gewählt werden kann, wer in einen solchen Wahlvorschlag aufgenommen ist,

13. den Hinweis, dass der Ort, der Tag und die Zeit der Sitzung des Wahlvorstands für die Wahl des Gesamtpersonalrats, in der das Wahlergebnis festgestellt wird, in der gleichen Weise wie das Wahlausschreiben bekannt gegeben werden.

(3) Der vom örtlichen Wahlvorstand vorzubereitende Teil des Wahlausschreibens muss enthalten

1. die Angabe, wo und wann das vom örtlichen Wahlvorstand aufgestellte Wählerverzeichnis und diese Verordnung zur Einsicht ausliegen,

2. den Hinweis, dass Einsprüche gegen die Richtigkeit des Wählerverzeichnisses nur innerhalb einer Woche nach Erlass des Wahlausschreibens schriftlich beim örtlichen Wahlvorstand eingelegt werden können; der letzte Tag der Einspruchsfrist ist anzugeben,

3. den Ort, an dem die Wahlvorschläge bekannt gegeben werden,

4. den Ort, den Tag und die Zeit der Stimmabgabe,

5. den Hinweis auf die Möglichkeit der Stimmabgabe durch Briefwahl,

6. den Hinweis, dass der Ort, der Tag und die Zeit der Sitzung des örtlichen Wahlvorstands, in der öffentlich die Stimmen ausgezählt werden und das Teilergebnis der Wahl für die Dienststelle festgelegt wird, in der gleichen Weise wie das Wahlausschreiben bekannt gegeben werden.

(4) Der örtliche Wahlvorstand hat eine Abschrift des Wahlausschreibens

1. von seinem Erlass bis zum Abschluss der Stimmabgabe an mindestens einer geeigneten, den Wahlberechtigten zugänglichen Stelle, bei räumlich getrennten größeren Beschäftigungsstellen in jeder einzelnen Beschäftigungsstelle, auszuhängen und in gut lesbarem Zustand zu erhalten; ergänzend ist eine elektronische Information, die sich ausschließlich an die Angehörigen der Dienststelle wendet, zulässig,

2. am Tag seines Erlasses

a) an jede in dem Bereich, für den der Gesamtpersonalrat zu bilden ist, vertretene Gewerkschaft zur Zustellung aufzugeben,

b) dem Wahlvorstand für die Wahl des Gesamtpersonalrats zu übersenden.

(5) Offenbare Unrichtigkeiten des Teils des Wahlausschreibens nach Absatz 2 können vom Wahlvorstand für die Wahl des Gesamtpersonalrats, des Teils nach Absatz 3 vom örtlichen Wahlvorstand jederzeit berichtigt werden.

(6) Mit Erlass aller Wahlausschreiben ist die Wahl eingeleitet.

§ 34
Erklärungen und Entscheidungen des Wahlvorstands

Erklärungen und Entscheidungen des Wahlvorstands für die Wahl des Gesamtpersonalrats, die in der gleichen Weise wie das Wahlausschreiben bekannt zu geben sind, werden vom

1. örtlichen Wahlvorstand nach § 33 Absatz 4 Nummer 1,

2. Wahlvorstand für die Wahl des Gesamtpersonalrats nach § 33 Absatz 4 Nummer 2 Buchstabe a bekannt gegeben.

§ 35
Stimmzettel

Bei Verbindung der Wahl des Gesamtpersonalrats mit der Wahl eines Personalrats müssen die Stimmzettel mit der Angabe der jeweiligen Wahl versehen sein und farblich unterschieden sein.

§ 36
Feststellung des Wahlergebnisses

(1) [1] Wird bei Verbindung der Wahl des Gesamtpersonalrats mit der Wahl eines Personalrats das Teilergebnis der Wahl des Gesamtpersonalrats für die Dienststelle nicht zugleich mit dem Ergebnis der Wahl des Personalrats festgestellt, hat der örtliche Wahlvorstand die Stimmzettel für die Wahl des Gesamtpersonalrats, bei Gruppenwahl nach Gruppen getrennt, für die Zwischenzeit in einer Urne so zu verschließen und aufzubewahren, dass der Einwurf oder die Entnahme von Stimmzetteln ohne Beschädigung des Verschlusses unmöglich ist. [2] Bei der Entnahme der Stimmzettel zur Stimmenzählung hat sich der örtliche Wahlvorstand davon zu überzeugen, dass der Verschluss unversehrt ist.

(2) [1] Der Wahlvorstand für die Wahl des Gesamtpersonalrats teilt den örtlichen Wahlvorständen den Zeitpunkt des Abschlusses der letzten Stimmabgabe sowie den Ort, den Tag und die Zeit der Sitzung mit, in der das Wahlergebnis festgestellt wird. [2] In der Zwischenzeit werden die Angaben über die Sitzungen nach § 33 Absatz 2 Nummer 12 und Absatz 3 Nummer 6 bekannt gegeben.

(3) Der Wahlvorstand für die Wahl des Gesamtpersonalrats stellt das Wahlergebnis auf Grund der von den örtlichen Wahlvorständen übersandten Wahlniederschriften fest.

§ 37

(gestrichen)

Abschnitt III

Wahl der Jugend- und Auszubildendenvertretung[2]

§ 38

Entsprechende Anwendung der Vorschriften über die Wahl
des Personalrats

(1) Für die Wahl der Jugend- und Auszubildendenvertretung gelten die §§ 1 bis 3, die §§ 5 bis 24, § 27 und § 29 entsprechend mit der Maßgabe, dass diese Vorschriften nicht anzuwenden sind, soweit sie auf die Gruppen abstellen.

(2) [1] Sind mehrere Mitglieder der Jugend- und Auszubildendenvertretung zu wählen und ist die Wahl auf Grund mehrerer Vorschlagslisten durchgeführt worden, werden die Summen der auf die einzelnen Vorschlagslisten entfallenen Stimmen nebeneinander gestellt und der Reihe nach durch 1, 2, 3 usw. geteilt. [2] Auf die jeweils höchste Teilzahl (Höchstzahl) wird so lange ein Sitz zugeteilt, bis alle Sitze verteilt sind. [3] § 25 Absatz 1 Satz 3 und Absätze 2 bis 4 gilt entsprechend.

---

[2] Neu gefasst 20.01.1976 (HmbGVBl. S. 36) - bisheriger Abschnitt III wird Abschnitt IV, geänderte Bezeichnung 07.11.1978 (HmbGVBl. S. 384) - bisheriger Abschnitt IV ist jetzt Abschnitt III, geändert 18.12.1990 (HmbGVBl. S. 277)

(3) [1] Sind mehrere Mitglieder der Jugend- und Auszubildendenvertretung zu wählen und ist die Wahl auf Grund eines Wahlvorschlags durchgeführt worden, sind die Bewerberinnen oder Bewerber in der Reihenfolge der jeweils höchstens auf sie entfallenen Stimmenzahlen gewählt. [2] § 28 Absatz 1 Satz 2 und Absatz 3 gilt entsprechend.

Abschnitt IV

Schlussvorschriften[3]

§ 39
Vorschriften für den Verfassungsschutz

Für das Landesamt für Verfassungsschutz gilt diese Verordnung mit folgenden Abweichungen:

1. Nicht anzuwenden ist § 1 Absatz 1 Satz 3 und Absatz 3 Satz 4.

2. § 1 Absatz 3 Satz 3 gilt in folgender Fassung:

»Der Dienststelle ist eine Abschrift der Niederschrift zu übersenden.«

3. § 15 Absatz 2 gilt in folgender Fassung:

»Die Wahlhandlung ist für Angehörige des öffentlichen Dienstes der Dienststelle öffentlich.«

§ 40
Berechnung der Fristen

Die Berechnung der in dieser Verordnung festgesetzten Fristen richtet sich nach den §§ 187 bis 193 des Bürgerlichen Gesetzbuches.

Gegeben in der Versammlung des Senats,

Hamburg, den 27. Februar 1973.

---

[3] Neu gefasst 20.01.1976 (HmbGVBl. S. 36) - bisheriger Abschnitt IV wird Abschnitt V, geänderte Bezeichnung 07.11.1978 (HmbGVBl. S. 384) - bisheriger Abschnitt V ist jetzt Abschnitt IV, geändert 18.12.1990 (HmbGVBl. S. 277)